HÄDECKE

ORATHAY SOUKSISAVANH
VANIA NIKOLCIC

GEMÜSE-SPAGHETTI

Nudeln aus Gemüse

FOTOS VON CHARLOTTE LASCÈVE

Inhalt und Rezeptverzeichnis

Technik

Blitzschnelle Rezepte

Vorspeisen und Fingerfood

Salate

Hauptgerichte

16

58

38

44

40

14

46

32

Schneidewerkzeuge

Hier eine Auswahl praktischer und einfach zu handhabender Küchengeräte für rohes Gemüse. Sie verwandeln im Handumdrehen Gemüse in hübsche Julienne, Spaghetti, Tagliatelle oder andere hauchdünne Stifte und Streifen, aus denen man spektakuläre Gerichte zaubern kann.

1 – GEMÜSEHOBEL
Ideal, um rohes oder gekochtes Gemüse in dünne Streifen oder Scheiben zu hobeln.

2 – JULIENNESCHNEIDER
Ein universell einsetzbarer Julienneschneider besitzt drei austauschbare Klingen: Er schneidet je nach Klinge das Gemüse in Stifte, Scheiben oder Streifen.

3 – SPARSCHÄLER
Der gute alte Sparschäler dient nicht nur dazu, Gemüse oder Obst zu schälen – er schneidet auch sehr schöne Streifen und gleichmäßig dünne Scheiben. Perfekt für Zucchini, Möhren, Gurken und Rettich.

4 – SPIRALSCHNEIDER
Er funktioniert wie ein Anspitzer: Einfach das Gemüse hineinstecken und drehen – so lassen sich endlose Gemüsespiralen schneiden. Eine revolutionäre Küchenhilfe!

2
3
4
1

Julienneschneider

Gemüsescheiben (1)

Die flache Klinge eignet sich zum Schälen und Schneiden dünner Scheiben und breiter Streifen. So lässt sich beispielsweise eine Zucchini ganz schnell in dünne Scheiben schneiden. Für Gemüsescheiben eignet sich auch ein Sparschäler.

Gemüsestifte (2)

Die gezackte Julienneklinge macht perfekte und hauchdünne Gemüsestifte. Mit der Hand ist es sehr schwer, so feine Streifen gleichmäßig zu schneiden. Ideal für Rezepte, die Gemüsefäden erfordern.

Mit seinen drei austauschbaren Klingen ist er ein handliches und vielseitiges Küchengerät.

Gemüsestreifen (3)

Die Julienneklinge mit breiteren Lamellen ermöglicht das Schneiden von größeren Streifen, die wie Tagliatelle aussehen: Zucchini, Möhren, Rettich, aber auch Rüben sehen längs in Streifen geschnitten eindrucksvoll aus. Auch weiches Obst wie Mango oder Avocado lassen sich damit in Streifen schneiden.

Längliche Gemüsesorten werden in Längsrichtung geschnitten, um lange Streifen zu erhalten. Bei runden Sorten wie Kartoffeln, Rüben oder Mango schneidet man am besten ohne Absetzen – wie beim Schälen eines Apfels – außen herum, um je nach Klinge besonders lange Streifen oder Stifte zu bekommen.

Gemüsehobel

Ein sehr nützliches Werkzeug, um festes und meist rohes Gemüse in feine Scheiben oder Streifen zu hobeln. Je nach Gemüsesorte und Hobelrichtung entstehen ganz unterschiedliche Formen: aus langen, runden Gemüsesorten lassen sich dünne Scheiben und Streifen hobeln; Gemüse, die wie Lauch, Kohl oder Artischocken beispielsweise aus einzelnen Blattschichten bestehen, zerfallen in dünne Schnüre. Zur Vermeidung von Schnittverletzungen sollte man entweder die Handinnenfläche ganz flach halten oder einen Hobel mit Handschutz verwenden.

Unterschiedliche Gemüsehobel

Einfache Gemüsehobel besitzen nur eine Messerplatte mit einer Klinge. Diese ist leicht zu handhaben und eignet sich für den gelegentlichen Gebrauch.

Professionelle Hobel haben meist ein Gehäuse samt großer Klingenauswahl – entsprechend sind sie etwas teurer. Bei ihnen kann man die Dicke der Streifen und Scheiben einstellen und es gibt Messereinsätze für diverse Zierschnitte.

Spiralschneider

Ein revolutionäres Küchenwerkzeug, das sich ganz einfach und ähnlich wie ein Bleistiftanspitzer benutzen lässt. In die eine Richtung lassen sich feine, endlos lange Gemüsestreifen drehen, in die andere Richtung etwas breitere Streifen.

Am besten geeignet ist längliches, nicht zu dickes Gemüse wie beispielsweise Zucchini, Möhre, Rettich, Gurke und Süßkartoffel. Größere Sorten passen nicht in den Spiralschneider hinein und kleinere werden von der Klinge nicht erfasst.

Dreht man das Gemüse im Spiralschneider gleichmäßig und ohne Unterbrechung in eine Richtung, erhält man wunderbar lange Spaghetti. Perfekt für Nester aus Gemüsestreifen, eindrucksvolle Salate oder für extralange Streichholz-Pommes!

Blitzschnelle Rezepte

GEMÜSESTIFTE ALS SUPPENEINLAGE

Für 4 Portionen – Zubereitungszeit 10 Minuten – Kochzeit 20 Minuten

1 Stange **Lauch** (250 g) – 3 Stangen **Staudensellerie** (à 60 g) – 1 **Pastinake** (100 g) – 1 **Möhre** (100 g) – 1 längliche **Kartoffel** (100 g) – 1 l **Hühnerfond** – 2 EL **Olivenöl** – **Pfeffer** – **Kerbelblätter**

1. Lauch längs halbieren und auf dem Gemüsehobel (s. S. 7) in lange Streifen hobeln. Übrige Gemüse mit der gezackten Klinge des Julienneschneiders (s. S. 6) in Stifte schneiden. Den Fond erhitzen.

2. Gemüse bei kleiner Hitze 5 Minuten im Öl andünsten. Heiße Brühe zugießen und 10–15 Minuten köcheln lassen. Pfeffern, mit Kerbel bestreuen.

ZUCCHINISCHEIBEN MIT PESTO

Für 4 Portionen – Zubereitungszeit 10 Minuten – Kochzeit 30 Sekunden

30 g **Pinienkerne** – 1 Bund **Basilikum** – 2 **Knoblauchzehen** – 1 EL **Weißweinessig** – 100 ml **Olivenöl** – 30 g **Parmesan** – **Salz** – **Pfeffer** – 3 **Zucchini** (à 250 g)

1. Pinienkerne ohne Fett rösten. Basilikumblätter, Knoblauch, 15 g Pinienkerne, Essig, Öl und geriebenen Parmesan im Mixer pürieren, salzen, pfeffern.

2. Zucchini längs auf dem Gemüsehobel (s. S. 7) in breite Scheiben hobeln und 30 Sekunden blanchieren und abtropfen lassen. Mit Pesto anrichten und die übrigen Pinienkerne darüberstreuen.

TSATSIKI MIT GURKENSTREIFEN

Für 2 Portionen– Zubereitungszeit 10 Minuten

1 **Salatgurke** (500 g) – ½ Bund **Minze** – 1 kleine **Knoblauchzehe** – 2 EL **Olivenöl** – 1 EL **Weißweinessig** – 280 g **griechischer Naturjoghurt** – **Salz** – **Pfeffer**

1. Die Gurke mit der breiteren Klinge des Julienneschneiders (s. S. 6) in Streifen schneiden. Die Minze waschen, trocken schütteln, die Blätter in feine Streifen schneiden. Knoblauch abziehen und hacken.

2. Minze, Knoblauch, Öl und Essig mit dem Joghurt verrühren, mit Salz und Pfeffer würzen. Die Gurkenstreifen mit dem Tsatsiki auf Tellern anrichten.

ZUCCHINI-FRITTATA MIT SCHAFSKÄSE UND MINZE

Für 2 Portionen – Zubereitungszeit 10 Minuten – Kochzeit 10 Minuten

2 Stiele **Minze** – 1 **Zucchini** (250 g) – 5 **Eier** – 100 g **Schafskäse** – 2 EL **Olivenöl** – **Salz** – **Pfeffer**

1. Die Minze waschen, trocken schütteln und die Blätter in feine Streifen schneiden. Zucchini mit der gezackten Klinge des Julienneschneider (s. S. 6) in lange Stifte schneiden. Eier verquirlen. Schafskäse zerbröckeln.

2. Das Öl in einer Pfanne erhitzen und die Eier hineingeben. Die Zucchinistifte zugeben, salzen, pfeffern und den Schafskäse darüberstreuen.
Das Ganze bei kleinster Hitze stocken lassen. Die Frittata vor dem Servieren mit Minze bestreuen.

Für 4 Portionen – Zubereitungszeit 20 Minuten

Mangostreifen auf geräucherter Entenbrust

1 feste **Mango**
60 g **geräucherte Entenbrust**, in Scheiben geschnitten
1 TL **flüssiger Honig**
2 EL **Apfelessig**
1 EL **Walnuss-/Baumnussöl**
Salz
Pfeffer

1. Die Mango schälen und das Fruchtfleisch mit der breiteren Klinge des Julienneschneiders (s. S. 6) in möglichst langen Streifen abschneiden.

2. Aus den Mangostreifen kleine Nester formen: Dafür ein kleines Holzstäbchen in das Ende eines Streifens piksen und den Streifen um den Spieß aufdrehen. Eine Scheibe geräucherte Entenbrust zusammenrollen und ebenfalls auf das Holzstäbchen stecken. Den Vorgang wiederholen, bis die Zutaten verbraucht sind. Spieße bis zum Servieren kühl stellen.

3. Honig, Essig und Öl zu einem Dressing verrühren, mit Salz und Pfeffer würzen. Die Mango-Enten-Spießchen mit etwas Dressing beträufeln und das übrige Dressing extra dazureichen.

Für 6 Portionen – Zubereitungszeit 15 Minuten

Avocado-Bruschetta

2 ***Tomaten***
1 kleine ***rote Zwiebel***
½ Bund ***Koriandergrün***
1 rote ***Chilischote***
1 nicht zu reife ***Avocado***
Saft von 1 ***Limette***
6 Scheiben ***Bauernbrot***
Fleur de Sel
1 ***Limette,*** in Spalten

1. Die Tomaten waschen und in hauchdünne Scheiben schneiden. Die Zwiebel schälen, halbieren und ebenfalls in hauchdünne Scheiben schneiden. Koriander waschen, trocken schütteln, Blätter abzupfen. Chilischote waschen, putzen und in Ringe schneiden.

2. Die Avocado schälen und mit der breiteren Klinge des Julienneschneiders (s. S. 6) in Streifen schneiden. Anschließend sofort mit Limettensaft beträufeln, damit die Streifen nicht braun werden. Ganz vorsichtig mit dem Koriander mischen.

3. Die Brotscheiben mit den Tomatenscheiben belegen. Darauf erst die Zwiebeln und dann die Avocadostreifen verteilen. Mit Fleur de Sel bestreuen und mit Chiliringen belegen. Brote mit Limettenspalten zum Beträufeln servieren.

Für 3 Portionen – Zubereitungszeit 35 Minuten – Garzeit 40 Minuten – Marinierzeit 12 Stunden

Vietnamesische Sandwichs

2 große **Hähnchenschenkel**
10 g **frischer Ingwer**
3 **Knoblauchzehen**
20 g **Zitronenmelisse**
Salz
Pfeffer
Zucker
vietnamesische Fischsauce
(Nuoc Mam, Asialaden)
200 g **weißer Rettich** (ca. 10 cm lang)
200 g **Möhren**
1 kleine **rote Chilischote**
3 EL **Weißweinessig**
250 g **Salatgurke**
2–3 Stiele **Koriandergrün**
1 **Baguette**
3 EL **Mayonnaise**

1. Am Vortag das Hähnchenfleisch waschen, trocken tupfen, eventuell entbeinen. Ingwer und Knoblauch schälen. Zitronenmelisse waschen, trocken schütteln, mit Ingwer und Knoblauch fein hacken. Mit ½ TL Salz, ½ TL Pfeffer, 1 TL Zucker und 1 EL Fischsauce zu einer Marinade verrühren. Das Hähnchenfleisch rundum mit der Marinade bestreichen und am besten über Nacht marinieren lassen.

2. Am nächsten Tag Rettich und Möhren schälen. Beides mit der gezackten Klinge des Julienneschneiders (s. S. 6) in Stifte schneiden. Chilischote waschen, putzen und in Ringe schneiden. 50 g Zucker, Essig, 1 TL Salz und Chili mischen und das Gemüse darin 15 Minuten ziehen, dann abtropfen lassen.

3. Inzwischen das Fleisch im vorgeheizten Backofen bei 200 °C ca. 40 Minuten goldbraun grillen, dabei nach 20 Minuten einmal wenden. Fleisch etwas abkühlen lassen und in Streifen schneiden. Die Gurke waschen, eventuell schälen, mit der breiteren Klinge des Julienneschneiders (s. S. 6) in dünne Streifen schneiden.

4. Koriander waschen, trocken schütteln, die Blätter abzupfen. Das Baguette in drei Stücke schneiden und diese waagerecht halbieren. Die unteren Baguettehälften jeweils mit 1 EL Mayonnaise bestreichen, Fleischstreifen darauf verteilen und mit den abgetropften Gemüsestreifen belegen. Ein paar Korianderblätter darüberstreuen und mit etwas Fischsauce, Pfeffer und nach Geschmack einigen Chiliringen würzen. Die oberen Baguettehälften darauflegen und sofort servieren.

Lassen Sie sich beim Metzger Ihrer Wahl ruhig eine größere Menge Hähnchenschenkel entbeinen und bereiten das Fleisch wie oben angegeben zu. Das marinierte Fleisch lässt sich wunderbar einfrieren.

Für 4 Portionen – Zubereitungszeit 15 Minuten – Garzeit 20 Minuten

Gemüsestifte-Tempura

½ **Knollensellerie** (250 g)
1 kleiner **Staudensellerie** (ca. 600 g)
1 EL **Mehl**
150 g **Tempura-Mehl** (Asialaden)
pflanzliches Frittierfett
süße Chilisauce (Asialaden)

1. Knollensellerie putzen und schälen. Staudensellerie putzen, waschen. Das Grün beiseitelegen und die Stangen quer halbieren. Gemüse mit der gezackten Klinge des Julienneschneiders (s. S. 6) in möglichst lange, feine Stifte schneiden. Die Stifte in einer Salatschüssel mit dem Selleriegrün und dem Mehl mischen. Das Gemüse soll vom Mehl ganz überzogen sein.

2. Tempura-Mehl und ca. 200 ml eiskaltes Wasser verrühren. Inzwischen das Öl in der Fritteuse oder einem großen Topf auf 170 °C erhitzen.

3. Jeweils einen Löffel Gemüsestifte auf einen Teller geben und mit einem Teelöffel etwas Tempurateig darübergießen. Gemüse-Tempura kurz von beiden Seiten in dem heißen Öl frittieren. Den Vorgang wiederholen, bis die Zutaten verbraucht sind. Tempura auf Küchenpapier abtropfen lassen und heiß servieren.

Je weniger Teig Sie verwenden, umso luftiger werden die Gemüsestifte-Tempura.

Sie können auch anderes Gemüse wie zum Beispiel Möhren, Süßkartoffeln, Rübchen oder Spargel verwenden.

Für 10 Stück – Zubereitungszeit 20 Minuten – Garzeit 10 Minuten

Frühlingsrollen mit Gemüsestreifen

250 g **Hähnchenbrustfilet**
Salz
Pfeffer
2 EL **Pflanzenöl**
1 **Romana-Salatherz**
1 Bund **Minze**
1 **Salatgurke**
1 **Chioggia-Bete** (s. S. 38) oder 1 Rote Bete (150 g)
10 kleine **Reisblätter** für Frühlingsrollen (Asialaden)
5 EL **Hoisin-Sauce** (Asialaden)
1 **Vogelaugenchilischote** (s. S. 36)
1 EL **Erdnüsse,** klein gehackt

1. Die Hähnchenbrust waschen, trocken tupfen, salzen, pfeffern und in einer Pfanne im heißen Öl in 5–8 Minuten rundum goldbraun anbraten. Nach dem Abkühlen in 5 mm dicke Scheiben schneiden.

2. Salat und Minze waschen und trocken schleudern bzw. schütteln. Gurke waschen, eventuell schälen. Die Bete schälen. Beides mit der breiteren Klinge des Julienneschneiders (s. S. 6) in lange Streifen schneiden und beiseitestellen.

3. Die Reisblätter kurz in kaltes Wasser tauchen. Blätter auf der Arbeitsfläche ausbreiten. Auf jedes Reisblatt 1 Salatblatt, dann 2–3 Minzeblätter, anschließend die Gemüsestreifen und 2 Scheiben Hähnchenfleisch so darauflegen, dass die Zutaten an einer Seite überstehen. Den Vorgang mit den anderen Reisblättern und übrigen Zutaten wiederholen. Die Füllung fest in die Reisblätter einrollen und am unteren Ende eventuell überstehenden Teig abschneiden. Frühlingsrollen bis zum Servieren mit einem feuchten Küchentuch bedeckt in den Kühlschrank stellen, dann trocknen sie nicht aus.

4. Chilischote waschen, putzen und in Ringe schneiden. Mit der Hoisin-Sauce und den Erdnüssen zu einem Dip verrühren. Dip zu den Frühlingsrollen servieren.

Sie können auch Gemüsesorten wie Rettich, Möhre oder Sellerie verwenden und mit Obst, zum Beispiel Mango, Apfel oder Birne, mischen. Das Fleisch wird durch Garnelen, geräucherte Entenbrust oder geräucherten Lachs ersetzt – Sie haben die Wahl!

Für 4 Portionen – Zubereitungszeit 30 Minuten – Garzeit 30 Minuten

Kartoffelknäuel

6 längliche **Kartoffeln** (à ca. 100 g)
3 **Knoblauchzehen**
1 Zweig **Thymian**
Salz
Pfeffer
pflanzliches Frittierfett
150 g **Quark**
einige Stiele **glattblättrige Petersilie**

1. Die größte Kartoffel schälen und in einem kleinen Topf mit Knoblauch und Thymian in Salzwasser garen. In einem Sieb abtropfen lassen, Knoblauch schälen und den Thymian entfernen. Knoblauch und Kartoffel mit der Gabel zerdrücken, kräftig salzen, pfeffern und abkühlen lassen. Aus dem Püree kleine Kugeln formen.

2. Inzwischen das Fett in einer Fritteuse oder einem großen Topf auf 170 °C erhitzen. Die restlichen Kartoffeln schälen und mit dem Spiralschneider (s. S. 8) vorsichtig zu möglichst langen Stiften schälen. Die langen Kartoffelstifte um die Kartoffelkugeln herum zu Knäueln wickeln.

3. Die Kartoffelknäuel portionsweise im heißen Fett kurz rundum goldbraun frittieren und auf Küchenpapier abtropfen lassen. Inzwischen die Petersilie waschen, trocken schütteln, die Blätter fein hacken und mit dem Quark mischen. Quark mit Salz und Pfeffer würzen und zu den Kartoffelknäueln reichen.

Für 4 Portionen – Zubereitungszeit 10 Minuten – Garzeit 10 Minuten

Rosmarin-Strohkartoffeln

pflanzliches Frittierfett
2 Zweige **Rosmarin**
3 große **Kartoffeln**
grobes Salz

1. Das Fett in einer Fritteuse oder einem großen Topf auf 180 °C erhitzen. Rosmarin waschen, trocken schütteln, die Nadeln von den Zweigen streifen. Die Kartoffeln schälen und mit der gezackten Klinge des Julienneschneiders (s. S. 6) in sehr feine Stifte schneiden.

2. Die Kartoffelstifte mit den Rosmarinnadeln im heißen Öl frittieren, bis die Kartoffeln Farbe annehmen.

3. Die frittierten Kartoffelstifte samt Rosmarinnadeln herausheben, auf Küchenpapier abtropfen lassen und mit Salz bestreut servieren. Sie passen als Beilage zu gegrilltem Hähnchen oder zu Braten.

Strohkartoffeln eignen sich auch als Knabberei zum Aperitif.

Für 4 Portionen – Zubereitungszeit 10 Minuten – Garzeit 20 Minuten

Kürbis-Kartoffel-Puffer

2 **Zwiebeln**
½ Bund **glattblättrige Petersilie**
250 g **Kürbis-Fruchtfleisch**
(z. B. Hokkaido)
600 g **Kartoffeln**
Salz
Pfeffer
Pflanzenöl

1. Zwiebeln schälen, fein hacken. Petersilie waschen, trocken schütteln, die Blätter grob hacken. Kürbisfleisch eventuell putzen, Kartoffeln schälen. Beides mit der gezackten Klinge des Julienneschneiders (s. S. 6) in feine Stifte schneiden. Mit der Zwiebel und der Hälfte der Petersilie mischen, salzen und pfeffern.

2. Öl in einer Pfanne erhitzen. Aus der Kartoffelmasse mit einem Esslöffel kleine Puffer ins Fett geben, glatt streichen. Die Puffer portionsweise im heißen Fett bei mittlerer Hitze ausbacken, bis die Masse verbraucht ist. Die Puffer sind fertig, wenn sie goldbraun gebacken sind. Puffer auf Küchenpapier abtropfen lassen und eventuell bis zum Servieren warm stellen. Die Puffer heiß mit der übrigen Petersilie bestreut servieren.

Der Kürbis kann auch durch Süßkartoffel oder Pastinake ersetzt werden. Die Basis der Puffer sollten allerdings stets Kartoffeln sein, da ihre Stärke zum Binden erforderlich ist.

Für 4 Portionen – Zubereitungszeit 30 Minuten – Garzeit 20 Minuten

Salat aus gegrilltem Gemüse

2 ***rote Paprikaschoten***
2 ***Auberginen*** (ca. 600 g)
3 ***Zucchini*** (ca. 750 g)
Olivenöl
Salz
Pfeffer
1 ***Knoblauchzehe***
2 EL ***Aceto balsamico***

1. Die Paprikaschoten halbieren, entkernen und im 220 °C heißen Backofen ca. 10 Minuten garen, bis die Haut schwarze Blasen wirft. Paprika in eine Schüssel geben, mit einem Küchentuch zugedeckt abkühlen lassen, anschließend die Haut abziehen.

2. Auberginen und Zucchini waschen und längs mit dem Gemüsehobel in hauchdünne Streifen hobeln. Falls die Aubergine für den Gemüsehobel (s. S. 7) zu weich ist, schneidet man sie am besten mit einem Messer in möglichst dünne Streifen. Das Gemüse mit 5–6 EL Olivenöl beträufeln und mit Salz und Pfeffer würzen.

3. Die Gemüsestreifen nebeneinander in einer heißen Pfanne oder auf einem Blech unter dem heißen Backofengrill von jeder Seite etwa 2 Minuten anbraten. Anschließend abkühlen lassen, bis sie nur noch lauwarm sind. Die Auberginenstreifen längs halbieren. Paprika in schmale Streifen schneiden.

4. Knoblauch schälen und fein hacken. Gemüse, Knoblauch und Essig in einer Salatschüssel mischen. Salzen, pfeffern und eventuell noch 1–2 EL Olivenöl zugeben. Lauwarm oder kalt servieren.

Für 4 Portionen – Zubereitungszeit 20 Minuten – Garzeit 10 Minuten

Waldorfsalat mit Hähnchenbrust

60 g **Naturjoghurt**
1 EL **Senf**
1 **Eigelb**
Saft von ½ **Zitrone**
7 EL **Pflanzenöl**
Salz
Pfeffer
2 **Hähnchenbrustfilets**
1 **Apfel mit roter Schale** (z. B. Jonared)
6 Stangen **Staudensellerie** (ca. 300 g)
2 **Romana-Salatherzen**
1 **Knollensellerie** (ca. 500 g)

1. Joghurt, Senf, Eigelb und Zitronensaft mit einem Schneebesen verrühren. Anschließend 6 EL Öl in dünnem Strahl unter ständigem Rühren zugießen. Dressing mit Salz und Pfeffer würzen.

2. In einer Pfanne 1 EL Öl erhitzen. Hähnchenbrustfilets salzen, pfeffern, im heißen Öl von beiden Seiten braten und beiseitestellen.

3. Apfel und Staudensellerie waschen. Salat waschen, trocken schleudern und die Blätter voneinander lösen. Knollensellerie schälen.

4. Den Staudensellerie in 5 cm lange Stücke schneiden und auf dem Gemüsehobel (s. S. 7) längs in dünne Scheiben hobeln. In Eiswasser beiseitestellen, damit sie frisch bleiben. Den Knollensellerie mit der breiteren Klinge des Julienneschneiders (s. S. 6) in Streifen schneiden, indem Sie mit der Klinge wie beim Apfelschälen außen um die Knolle herumfahren.

5. Staudensellerie in einem Sieb abtropfen lassen. Stauden- und Knollensellerie mit dem Dressing mischen. Das Fleisch quer in Scheiben schneiden. Den Apfel mit der gezackten Klinge des Julienneschneiders (s. S. 6) in Stifte schneiden. Sellerie, Fleisch und Apfelstifte auf den Salatblättern anrichten.

Für 6 Portionen – Zubereitungszeit 15 Minuten – Wartezeit 1 Stunde

Cranberry-Kohlsalat mit Ahornsirup

¼ **Weißkohl** (ca. 300 g)
¼ **Rotkohl** (ca. 300 g)
200 g **Möhren**
2 **Frühlingszwiebeln**
5 EL **Ahornsirup**
8 EL **Apfelessig**
6 EL **Sonnenblumenöl**
Salz
Pfeffer
80 g **getrocknete Cranberrys**
Schnittlauchröllchen

1. Den Kohl putzen und auf dem Gemüsehobel (s. S. 7) in möglichst feine Streifen hobeln. Die Möhren schälen und mit der breiteren Klinge des Julienneschneiders (s. S. 6) in Streifen schneiden. Die Frühlingszwiebeln waschen, putzen und in feine Ringe schneiden.

2. Ahornsirup mit Essig und Öl zu einem Dressing verrühren und mit Salz und Pfeffer abschmecken.

3. Gemüse mit den Cranberrys in eine große Salatschüssel geben und das Dressing darübergießen. Alles gut miteinander mischen, eventuell mit Salz und Pfeffer nachwürzen und 1 Stunden ziehen lassen. Den Kohlsalat mit Schnittlauchröllchen bestreut servieren.

Die Cranberrys lassen sich auch durch Rosinen ersetzen.

Für 4 Portionen – Zubereitungszeit 10 Minuten

Chicoréesalat mit Birne und Roquefort

4 EL **Walnuss-/Baumnussöl**
3 EL **Sherryessig**
Salz
Pfeffer
120 g **Roquefort**
2 **Chicorée**
250 g **Radicchio di Treviso**
1 **Birne** (ca. 125 g)

1. Öl, Essig, Salz und Pfeffer zu einem Dressing mischen. Roquefort klein würfeln oder zerbröckeln.

2. Chicorée und Radicchio waschen und längs vierteln. Die Viertel mit dem Gemüsehobel zu langen Streifen hobeln. Das Dressing mit Chicorée, Radicchio und Roquefort gründlich mischen.

3. Die Birne waschen und mit der breiteren Klinge des Julienne-schneiders (s. S. 6) in Streifen schneiden. Chicoréesalat auf Tellern anrichten und mit Birnenstreifen garniert sofort servieren.

Für 6 Portionen – Zubereitungszeit 15 Minuten

Thailändischer Papaya-Möhren-Salat

1 Bund **Koriandergrün**
3 EL **vietnamesische Fischsauce** (Nuoc Mam, Asialaden)
Saft von 2 kleinen **Zitronen**
100 g **Zucker**
2 **Knoblauchzehen**
1 **Vogelaugenchilischote***
Salz
1 kleine unreife **grüne Papaya** (ca. 400 g)
2 dicke **Möhren** (ca. 200 g)

1. Koriander waschen, trocken schütteln, Blätter von den Stielen abzupfen. Fischsauce und Zitronensaft mischen und den Zucker darin auflösen. Knoblauch schälen und fein hacken. Chilischote in Ringe schneiden. Knoblauch, Chili und zwei Drittel Korianderblätter unter die Sauce mischen und leicht salzen.

2. Papaya und Möhren schälen und mit der breiteren Klinge des Julienneschneiders (s. S. 6) längs in dünne Streifen schneiden.

3. Gemüsestreifen anrichten, mit der Sauce beträufeln und mit restlichen Korianderblättern bestreuen. Dazu passen gebratene Garnelen oder ein dünnes, in Streifen geschnittenes Omelett.

** Vogelaugenchilis sind eine sehr kleine und extrem scharfe Chilisorte, die gern in Thailand verwendet wird.*

Wer die Sauce lieber weniger süß mag, ersetzt 50 g Zucker durch Agavendicksaft.

Für 4 Portionen – Zubereitungszeit 10 Minuten

Rübenstreifen mit Ziegenkäse und Basilikum

4 EL **Olivenöl**
4 EL **Aceto balsamico**
Salz
Pfeffer
½ Bund **Basilikum**
2 **Rote Bete** (300 g)
2 **Chioggia-Bete*** (300 g)
100 g **Ziegenfrischkäse**

***Chioggia-Bete ist eine alte Wurzelgemüsesorte aus dem Veneto. Sie sieht äußerlich der Roten Bete sehr ähnlich, ihr Innenleben ist rot und weiß gestreift. Sie zählt wie die Rote Bete zu den Roten Rüben.**

1. Öl, Essig, Salz und Pfeffer zu einem Dressing verrühren. Das Basilikum waschen, trocken schütteln, die Blätter abzupfen.

2. Die Rote Bete und Chioggia-Bete putzen, schälen und in lange Streifen schneiden. Dazu mit der breiteren Klinge des Julienneschneiders (s. S. 6) wie beim Apfelschälen gleichmäßig und ohne abzusetzen außen herum um die Rüben fahren und möglichst lange und feine Streifen abschneiden.

3. Das Dressing mit den Rübenstreifen mischen, den Ziegenkäse darauf verteilen und die Basilikumblätter darüberstreuen.

Für 2 Portionen– Zubereitungszeit 10 Minuten – Garzeit 7 Minuten

Spargelstreifen mit Ei und Parmesan

3 **Eier**
1 kleine **Schalotte**
2 EL **Olivenöl**
2 EL **Weißweinessig**
Salz
Pfeffer
20 g **Parmesan**
1 Bund **grüner Spargel** (ca. 500 g)

1. Die Eier in ca. 4–5 Minuten wachsweich kochen, abschrecken und pellen.

2. Inzwischen die Schalotte schälen und ganz fein hacken. Mit Öl, Essig, Salz und Pfeffer zu einer Vinaigrette rühren. Parmesan hobeln.

3. Den Spargel waschen, im unteren Drittel schälen und die holzigen Enden abschneiden. Den Spargel der Länge nach mit dem Gemüsehobel (s. S. 7) in hauchdünne Scheiben hobeln. Die Spargelscheiben in kochendem Salzwasser höchstens 1 Minute blanchieren und in einem Sieb abtropfen lassen.

4. Spargel mit der Vinaigrette mischen, mit Parmesan bestreuen und mit den Eiern servieren.

Für 4 Portionen – Zubereitungszeit 15 Minuten – Garzeit 30 Minuten

Möhrensalat mit würzigem Orangendressing

4 ***Orangen***
1 ***Knoblauchzehe***
1 EL ***Honig***
1 EL ***Korianderkörner***
½ TL ***Quatre-Épices-Gewürzmischung****
1 Bund ***junge Möhren***
5 EL ***Olivenöl***
Salz

*** Eine typische Quatre-Épices-Gewürzmischung besteht üblicherweise aus schwarzem Pfeffer, Muskatnuss, Nelken und Zimt oder Ingwer.**

1. Orangen auspressen (sie sollten 200 ml Saft ergeben). Knoblauch schälen und halbieren. In einem Schmortopf, Orangensaft, Knoblauch, Honig, Koriander und Quatre-Épices bei kleiner Hitze ca. 20 Minuten einkochen lassen.

2. Inzwischen die Möhren schälen und längs mit dem Gemüsehobel (s. S. 7) in 1,5 mm dicke Scheiben hobeln.

3. Das Olivenöl unter die eingekochte Sauce mischen, die Möhren zugeben und salzen. Die Temperatur erhöhen und so lange rühren, bis die Möhren gleichmäßig von der Sauce überzogen sind. Möhren in ca. 10 Minuten bissfest garen.

4. Den Möhrensalat nach Wunsch mit etwas Koriandergrün bestreuen und lauwarm oder kalt servieren.

Für 4 Portionen – Zubereitungszeit 40 Minuten – Garzeit 15 Minuten

Vietnamesischer Bun-Bo-Salat mit Garnelen

Für die Sauce
1 **Knoblauchzehe**
1 **Vogelaugenchilischote** (s. S. 36)
3 EL **vietnamesische Fischsauce** (Nuoc Mam, Asialaden)
Saft von 2 **Zitronen**
100 g **Zucker**
Salz

Für die Garnelen
4 **Knoblauchzehen**
Salz
Pfeffer
16 **rohe Garnelenschwänze,** mit Schale, aber ohne Kopf
pflanzliches Frittierfett
1 EL **Mehl**

Für den Salat
400 g **Reisnudeln**
200 g **Mungobohnensprossen**
1 **Romana-Salatherz** oder Batavia
½ Bund **Minze**
½ Bund **Koriandergrün**
400 g **Salatgurke**
2 **Möhren** (ca. 200 g)
50 g **Erdnüsse,** klein gehackt

1. Für die Sauce Knoblauch schälen und fein hacken. Chilischote putzen, waschen und in dünne Ringe schneiden. Fischsauce und Zitronensaft mischen und den Zucker darin auflösen. Knoblauch und Chili zugeben, leicht salzen und alles gut verrühren.

2. Für die Garnelen Knoblauch schälen und grob hacken, mit Salz und reichlich frisch gemahlenem Pfeffer mischen. Die Garnelen damit einreiben und beiseitestellen.

3. Für den Salat Reisnudeln nach Packungsanleitung garen, in einem Sieb abschrecken und abtropfen lassen. Sprossen in einem Sieb abbrausen. Salat, Minze und Koriander waschen, trocken schleudern bzw. schütteln. Salat zerzupfen, Kräuterblätter von den Stielen zupfen. Gurke und Möhren mit der gezackten Klinge des Julienneschneiders oder mit dem Spiralschneider (s. S. 6 bzw. 8) in Stifte schneiden. Salat, Sojasprossen, Reisnudeln, Gemüsestifte und die Minze- und Korianderblätter in vier Suppenschalen verteilen.

4. Das Öl in einer Fritteuse oder einem großen Topf auf 180 °C erhitzen. Garnelen im Mehl wenden, überschüssiges Mehl abklopfen. Garnelen ca. 1 Minute im heißen Öl frittieren und auf Küchenpapier abtropfen lassen. Die Garnelen in die Schalen geben, mit der Sauce beträufeln und mit Erdnüssen bestreut sofort servieren.

Für dieses traditionelle vietnamesische Gericht werden die Garnelen ungeschält paniert, wobei die Schale aber vorher sorgfältig eingeritzt wird. Am besten kaufen Sie Garnelenschwänze, deren Panzer bereits eingeschnitten ist.

Bleibt etwas Sauce übrig, kann sie in einem Glas mit Twist-off-Verschluss einige Tage im Kühlschrank aufbewahrt werden. Sie passt auch sehr gut zu Möhrensalat oder zu Frühlingsrollen.

Für 4 Portionen – Zubereitungszeit 15 Minuten – Garzeit 50 Minuten

Kürbis-Curry-Tarte mit Kokosnuss

100 g **Butter**
6–8 **Filoteigblätter**
6 **Eier**
20 g **rote Thai-Currypaste**
(Asialaden)
500 ml **ungesüßte Kokosmilch**
1 TL **Zucker**
Salz
400 g **Butternusskürbis**

1. Den Backofen auf 180 °C vorheizen. Die Butter in einem kleinen Topf zerlassen. Ein Filoteigblatt von beiden Seiten mit Butter bepinseln und in eine rechteckige Auflaufform (28 × 20 cm) legen. Restliche Filoteigblätter ebenso mit Butter einpinseln und übereinander so in der Form verteilen, dass ein lückenloser und dicker Teigboden mit Rand entsteht. Mit der restlichen Butter den Teigrand fetten.

2. Die Eier verquirlen. Currypaste und Kokosmilch mischen, mit dem Zucker zu den Eiern geben, salzen und alles gründlich verrühren.

3. Den Kürbis waschen, putzen und schälen. Mit der breiteren Klinge des Julienneschneiders (s. S. 6) in lange Streifen schneiden.

4. Die Kürbisstreifen auf dem Teigboden verteilen und die Curry-Eier-Sauce darübergießen. Die Tarte ca. 50 Minuten im heißen Ofen backen, bis die Ränder goldbraun sind und die Eiermasse gestockt ist. Vor dem Servieren etwas abkühlen lassen.

Beilage für 4 Portionen – Zubereitungszeit 15 Minuten – Garzeit 5 Minuten

Gemüsestreifen-Nester

2 ***Knoblauchzehen***
2 ***Zucchini***
2 ***Möhren*** (ca. 200 g)
1 ***schwarzer Rettich*** oder 1 kleiner Daikon-Rettich
3 EL ***Pflanzenöl***
2 EL ***Austernsauce*** (Asialaden)
Salz

1. Die Knoblauchzehen abziehen und grob hacken. Zucchini waschen. Möhren und Rettich schälen. Zucchini, Möhren und Rettich mit dem Spiralschneider in möglichst lange Streifen schneiden. Dafür das Gemüse im Spiralschneider (s. S. 8) entgegen der Klinge des feinen Messers vorsichtig und gleichmäßig drehen.

2. In einem Wok das Öl stark erhitzen und den Knoblauch darin kurz goldbraun anbraten. Die Gemüsestreifen und die Austernsauce zugeben, leicht salzen und vorsichtig umrühren, damit die Streifen ganz bleiben. Die Gemüsestreifen bissfest garen.

3. Mithilfe einer Gabel die Gemüsestreifen zu kleinen Nestern aufrollen und auf Teller setzen. Sie passen zu thailändischem Duftreis oder als Beilage zu Fisch.

Für 4 Portionen – Zubereitungszeit 15 Minuten – Garzeit 10 Minuten

Spaghetti Primavera

2 ***Knoblauchzehen***
200 g ***Kirschtomaten***
Salz
Pfeffer
Olivenöl
300 g ***grüner Spargel***
500 g ***Spaghetti***
150 g ***gepalte Erbsen***
(oder TK-Erbsen)
Parmesan, gerieben

1. Den Knoblauch schälen und fein hacken. Kirschtomaten waschen und vierteln.

2. Knoblauch und Tomaten in eine Salatschüssel geben, mit Salz und Pfeffer würzen und großzügig mit Olivenöl begießen.

3. Den Spargel waschen, im unteren Drittel schälen und die holzigen Enden abschneiden. Den Spargel mit der gezackten Klinge des Julienneschneiders (s. S. 6) in dünne Stifte schneiden.

4. Spaghetti in kochendem Salzwasser nach Packungsanleitung garen und in den letzten 5 Minuten die Erbsen mitgaren. Wenn Nudeln und Erbsen bissfest sind, den Topf vom Herd nehmen und die Spargelstifte zugeben und untermischen. Anschließend alles in ein Sieb abgießen und abtropfen lassen.

5. Die Nudelmischung zu Tomaten und Knoblauch geben, alles mischen, salzen, pfeffern und noch etwas Olivenöl darüberträufeln. Nach Belieben mit geriebenem Parmesan servieren.

Dieses Gericht schmeckt auch kalt als Salat wunderbar. Die Spaghetti dafür einfach nur in Wasser abschrecken, abtropfen lassen und über die Tomaten geben.

Für 4 Portionen – Zubereitungszeit 10 Minuten

Gurkenstreifen mit Schellfisch

2–3 Stiele **Dill**
1 EL **Ahornsirup**
1 EL **grober Senf**
Saft von 1 kleinen **Zitrone**
4 EL **Pflanzenöl**
Salz
Pfeffer
2 **Salatgurken** (ca. 1 kg)
300 g **geräucherter Schellfisch** in Scheiben
100 g **Frischkäse**

1. Dill waschen, trocken schütteln und die Dillspitzen abzupfen. Ahornsirup, Senf, Zitronensaft mischen und mit dem Öl zu einer Vinaigrette rühren, mit Salz und Pfeffer abschmecken und die Dillspitzen zugeben.

2. Die Salatgurken waschen und mit der gezackten Klinge des Julienneschneiders oder mit dem Spiralschneider (s. S. 6 bzw. 8) in lange dünne Streifen schneiden. Die Gurkenstreifen mithilfe einer Gabel zu kleinen Nestern aufrollen.

3. Den geräucherten Schellfisch auf vier Teller verteilen. Darauf jeweils ein Gurkenstreifennest setzen. Mit der Vinaigrette beträufeln und mit Frischkäsestückchen garnieren. Dazu Roggenvollkornbrot servieren.

Sie können den Schellfisch auch durch geräucherte Forelle oder geräucherten Lachs in Scheiben ersetzen.

Für 2 Portionen– Zubereitungszeit 25 Minuten – Garzeit 20 Minuten

Linguine mit Muscheln und Gemüsestiften

600 g **Herzmuscheln**
1 kleine **Zwiebel**
2 **Knoblauchzehen**
1 kleine **Tomate**
1 **Zucchini** (ca. 250 g)
250 g **Linguine**
Salz
Olivenöl
½ TL **Chilipulver**
Pfeffer
150 ml **Weißwein**
2–3 Stiele **glattblättrige Petersilie**

1. Muscheln 10 Minuten in kaltem Wasser wässern, reinigen und gründlich abspülen. Offene und beschädigte Muscheln aussortieren.

2. Zwiebel schälen und in feine Streifen schneiden. Knoblauch schälen und fein hacken. Tomate waschen, halbieren, das Tomateninnere herauslösen und beiseitestellen, das Fruchtfleisch würfeln.

3. Die Zucchini waschen und mit der gezackten Klinge des Julienneschneiders oder mit dem Spiralschneider (s. S. 6 bzw. 8) in lange dünne Stifte schneiden.

4. Die Nudeln nach Packungsanleitung in Salzwasser kochen, aber 2 Minuten vor dem angegebenen Garzeitende in ein Sieb abgießen und abtropfen lassen.

5. Inzwischen in einem großen Topf reichlich Olivenöl erhitzen, Zwiebel und Knoblauch darin andünsten. Chilipulver und das Tomateninnere zugeben, salzen und pfeffern. Mit Weißwein ablöschen, aufkochen. Tomatenwürfel und Muscheln zugeben und bei mittlerer Hitze 5–7 Minuten zugedeckt köcheln lassen.

6. Nudeln, Zucchinistifte und Olivenöl nach Geschmack zugeben und weitere 2 Minuten köcheln lassen. Die Nudeln sollten bissfest sein und die Muscheln sollen jetzt geöffnet sein, noch geschlossene Muscheln aussortieren. Mit gehackter Petersilie bestreut servieren.

Für 4 Portionen – Zubereitungszeit 20 Minuten – Garzeit 10 Minuten

Zucchinispaghetti mit Garnelen und Knoblauch

3 **Knoblauchzehen**
½ **Bio-Zitrone**
Olivenöl
Salz
Piment d'Espelette*
16 **rohe Garnelenschwänze,** mit Schale, aber ohne Kopf
125 g **Kirschtomaten**
5 **Zucchini** (ca. 1,25 kg)
einige **Basilikumblätter**

1. Knoblauch schälen und fein hacken. Die Schale von der Zitrone abreiben und den Saft auspressen. Die Hälfte des Knoblauchs mit 2 EL Olivenöl, Salz, Piment d'Espelette und der Zitronenschale zu einer Marinade mischen. Die Garnelen darin 10 Minuten marinieren.

2. Inzwischen Tomaten waschen und halbieren. Zucchini waschen und mit der gezackten Klinge des Julienneschneiders oder mit dem Spiralschneider (s. S. 6 bzw. 8) in möglichst lange Stifte oder Streifen schneiden.

3. In einer großen Pfanne 2 EL Olivenöl erhitzen. Restlichen Knoblauch und Zucchinistifte darin bei starker Hitze 2 Minuten dünsten. Salzen, pfeffern, aus der Pfanne nehmen und beiseitestellen.

4. Garnelen in die Pfanne geben, kurz und kräftig anbraten und aus der Pfanne nehmen. Eventuell noch etwas Öl in die Pfanne gießen, die Tomaten kurz anbraten. Wenn sie anfangen zu bräunen, mit Zitronensaft und 2 EL Wasser ablöschen. Alle Zutaten wieder in die Pfanne geben und kurz erhitzen. Mit Basilikum bestreut servieren.

*** Piment d'Espelette wird aus roten Gewürzpaprika gewonnen. Er wird frisch oder getrocknet verwendet und ist milder im Geschmack als Chili.**

Für 2 Portionen – Zubereitungszeit 15 Minuten – Garzeit 15 Minuten

Curry aus Süßkartoffelstreifen

2 **Süßkartoffeln** (à 400 g)
2 **Zwiebeln**
2 **Knoblauchzehen**
2 EL **Öl**
1 EL **Colombo-Currypulver***
100 ml **ungesüßte Kokosmilch**
½ Bund **Koriandergrün**
Saft von ½ **Limette**

***Colombo-Currypulver ist eine Gewürzmischung von den französischen Antillen. Sie besteht aus Jamaikapfeffer, Senfkörnern, Koriander, Kurkuma und Zimt. Alternativ passt auch Garam Masala, eine südindische Gewürzmischung, für dieses Rezept.**

1. Die Süßkartoffeln schälen und mit dem Spiralschneider entgegen der Klinge des feinen Messers (s. S. 8) in Streifen schneiden. Sie lassen sich auch mit dem Julienneschneider in Streifen schneiden, dann werden die Streifen aber nicht so lang wie mit dem Spiralschneider.

2. Zwiebeln und Knoblauch abziehen und getrennt fein hacken. Das Öl in einem Topf erhitzen, Currypulver zufügen. Wenn es zu bräunen beginnt die Zwiebeln zufügen und glasig dünsten. Knoblauch mit Kokosmilch und 200 ml Wasser zugeben und die Süßkartoffelstreifen darin bei mittlerer Hitze 10–15 Minuten bissfest köcheln lassen und abschmecken. Inzwischen Koriandergrün waschen, trocken schütteln, Blätter abzupfen.

3. Das Curry in Schalen anrichten, den Koriander darüberstreuen und mit dem Limettensaft beträufeln. Dazu Chapati-Brot oder Basmatireis reichen.

Für 2 Portionen – Zubereitungszeit 15 Minuten – Garzeit 10 Minuten

Lauchstreifen mit Soba-Nudeln und Lachs

1 EL **brauner Zucker**
2 EL **Sojasauce**
2 EL **Sesamöl**
Saft von ½ **Zitrone**
1 Stange **Lauch** (ca. 250 g)
1 längliches Stück **frischer Ingwer**
pflanzliches Frittierfett
300 g **Lachsfilet**
Salz
200 g **Soba-Nudeln**
1 EL **Sesamsaat,** geröstet
Wasabi-Paste (Asialaden)

1. Zucker, Sojasauce, Sesamöl und Zitronensaft zu einer Sauce verrühren.

2. Den Lauch längs halbieren, putzen, waschen und nur das Weiße und Hellgrüne auf dem Gemüsehobel (s. S. 7) der Länge nach in möglichst lange Streifen schneiden. Den Rest mit dem Messer schneiden.

3. Den Ingwer schälen und mit dem Gemüsehobel in dünne Scheiben hobeln. Die Scheiben in dünne Stifte schneiden. Ausreichend Öl in einer Pfanne erhitzen und die Ingwerstifte im heißem Öl goldbraun frittieren. Ingwer auf Küchenpapier abtropfen lassen.

4. Den Lachs salzen und in der Pfanne bei starker Hitze von jeder Seiten ca. 1 Minute kräftig anbraten, er soll in der Mitte noch roh sein. Abkühlen lassen und in 1 cm dicke Scheiben schneiden.

5. Die Soba-Nudeln nach Packungsanleitung in kochendem Wasser garen. Kurz vor Ende der Garzeit die Lauchstreifen zugeben. Beides zusammen in ein Sieb abgießen, abschrecken und abtropfen lassen. Mit der Sauce mischen.

6. Die Nudelmischung mit Sesam und den Lachs mit Ingwer bestreut auf Tellern anrichten. Dazu Wasabi-Paste reichen.

Für 2 Portionen – Zubereitungszeit 15 Minuten – Garzeit 15 Minuten

Kohl & Rüben mit Lachs en Papillote

1 **Schalotte**
1 **Kohlrabi** (ca. 300 g)
2 **Teltower Rübchen***
2 EL **Crème fraîche**
2 **Lachsfilets** (à 200 g)
Salz
Pfeffer

***Teltower Rübchen kommen originär aus der Mark Brandenburg und sind in der Regel nur auf Märkten zu kaufen. Ihr süßlicher bis feinscharfer Geschmack ist einfach köstlich. Leider haben sie nur kurze Zeit Saison – von Oktober bis Dezember. Die restliche Zeit des Jahres können sie durch Mai- oder Herbstrüben ersetzt werden.**

1. Den Backofen auf 210 °C vorheizen. Die Schalotte schälen und fein hacken. Kohlrabi und Rüben schälen und Spaghetti daraus schneiden. Dafür mit der gezackten Klinge des Julienneschneiders (s. S. 6) immer außen um das Gemüse herum schneiden, wie beim Apfelschälen.

2. Zwei große Stücke Backpapier zurechtschneiden. Schalotten jeweils in die Mitte verteilen. Je 1 EL Crème fraîche und je 1 Lachsfilet darauflegen, salzen und pfeffern. Die Gemüsespaghetti darauf verteilen und nochmals salzen und pfeffern.

3. Die Päckchen zusammenfalten, dabei dicht verschließen und die Enden fest zusammendrehen, damit kein Dampf entweichen kann. 15 Minuten im heißen Ofen garen. Papillotes sofort servieren.

Für 4 Portionen – Zubereitungszeit 20 Minuten – Garzeit 40 Minuten

Auberginenstreifen und Tagliatelle mit Tomatensauce

Für die Tomatensauce
1 ***Zwiebel***
2 ***Knoblauchzehen***
5 EL ***Olivenöl***
2 Zweige ***Thymian***
600 g ***geschälte Tomaten*** (Dose)
Zucker
Salz
Pfeffer

Für die Auberginen und Tagliatelle
1 große ***Aubergine*** (ca. 350 g)
100 ml ***Olivenöl***
Salz
Pfeffer
500 g ***Tagliatelle***
1 Bund ***Basilikum***

1. Für die Tomatensauce Zwiebel und Knoblauch schälen und würfeln. Das Öl in einem großen Topf erhitzen und die Zwiebel darin glasig dünsten. Knoblauch, Thymian und Tomaten zugeben und mit 1 Prise Zucker, Salz und Pfeffer würzen. Bei kleiner Hitze ca. 20 Minuten einkochen lassen.

2. Die Auberginen waschen und mit der breiteren Klinge des Julienneschneiders (s. S. 6) in Streifen schneiden.

3. In einer großen Pfanne das Öl erhitzen und die Auberginenstreifen nebeneinander hineinlegen, salzen, pfeffern und von jeder Seite ca. 5 Minuten goldbraun anbraten. Auf Küchenpapier abtropfen lassen.

4. Die Nudeln in kochendem Salzwasser nach Packungsanleitung garen, in einem Sieb abtropfen lassen. Inzwischen das Basilikum waschen, trocken schütteln und die Blätter abzupfen. Nudeln und Auberginenstreifen in der Tomatensauce kurz erwärmen und mit Basilikum bestreut sofort servieren.

Für 2 Portionen – Zubereitungszeit 10 Minuten – Garzeit 25 Minuten

Bohnenstreifen in Tomatensauce

Für die Tomatensauce
½ ***Zwiebel***
1 ***Knoblauchzehe***
5 EL ***Olivenöl***
1 Zweig ***Thymian***
300 g ***geschälte Tomaten*** (Dose)
Zucker
Salz
Pfeffer

Für die Bohnenstreifen
400 g ***flache breite Stangenbohnen*** (Schwertbohnen)
Salz
2 EL ***Olivenöl***
5–6 ***glatte Petersilienblätter***

1. Für die Tomatensauce Zwiebel und Knoblauch schälen und würfeln. Das Öl in einem großen Topf erhitzen und die Zwiebel darin glasig dünsten. Knoblauch, Thymian und Tomaten zugeben und mit 1 Prise Zucker, Salz und Pfeffer würzen. Bei kleiner Hitze ca. 15 Minuten einkochen lassen.

2. Die Bohnen waschen und auf dem Gemüsehobel (s. S. 7) in Streifen hobeln. In einem Topf Salzwasser aufkochen, die Bohnen darin 5 Minuten garen und in einem Sieb abtropfen lassen.

3. Die Tomatensauce erneut erhitzen, Bohnenstreifen und Olivenöl untermischen und alles 3–5 Minuten köcheln lassen. Wer die Bohnen nicht gern knackig mag, verlängert die Garzeit ein wenig. Bohnenstreifen mit Petersilie bestreut servieren. Sie schmecken heiß, lauwarm oder auch kalt.

Für 4 Portionen – Zubereitungszeit 15 Minuten – Garzeit 20 Minuten

Kartoffelstifte-Carbonara

3 große **Kartoffeln** (ca. 400 g)
Salz
8 Scheiben **Frühstücksspeck**
1 kleine **Knoblauchzehe**
500 g **Schmand**
20 g **Parmesan**
Pfeffer
2 **Eigelbe**

1. In einem großen Topf Salzwasser zum Kochen bringen. Die Kartoffeln schälen und mit dem Spiralschneider (s. S. 8) in möglichst lange Stifte schneiden. Kartoffelstifte im kochenden Salzwasser ca. 10 Minuten bissfest garen. Vorsichtig in ein Sieb abgießen und abtropfen lassen.

2. In einer beschichteten Pfanne den Speck knusprig braten, herausnehmen und auf Küchenpapier abtropfen lassen.

3. Knoblauch schälen und fein hacken. In der Pfanne den Schmand erhitzen. Parmesan reiben und mit dem Knoblauch dazugeben. Salzen, pfeffern und 3–5 Minuten einkochen lassen, dann die Eigelbe unterrühren und bei kleiner Hitze eindicken lassen.

4. Kartoffelstifte auf Teller verteilen, die Sauce darübergießen und mit dem gebratenen Speck garnieren.

Für 2 Portionen– Zubereitungszeit 15 Minuten – Garzeit 20 Minuten

Steak mit frittierten Kartoffelnudeln

Für die Sauce Béarnaise
60 g **Butter,** in Würfeln
1 **Schalotte**
2 Stiele **Estragon**
2 EL **Weißwein**
2 EL **Weißweinessig**
1 **Eigelb**
Salz
Pfeffer

Für die Kartoffelnudeln
pflanzliches Frittierfett
3 große längliche **Kartoffeln** (ca. 400 g)
Salz

Für die Steaks
1 EL **Sonnenblumenöl**
2 **Rindersteaks** aus der Lende (à ca. 230 g)
Salz

1. Für die Sauce Béarnaise die Butter kalt stellen. Schalotte schälen und fein hacken. Estragon waschen, trocken schütteln und die Blätter fein hacken. Weißwein, Essig, Schalotte und Estragon in einen Topf geben und bei starker Hitze offen einkochen lassen, in ein Sieb abgießen und anschließend abkühlen lassen. Die Masse in einer Metallschüssel über ein heißes Wasserbad stellen. Die Hitze reduzieren, Eigelb und 1 EL Wasser zugeben und bei kleinster Hitze mit dem Schneebesen aufschlagen, bis die Sauce beginnt einzudicken. Nach und nach die Butter zugeben und weiterschlagen, bis eine cremige Sauce entstanden ist, salzen, pfeffern, Estragon sowie Schalotten wieder zugeben und die Sauce beiseitestellen.

2. Frittierfett in einem großen Topf oder einer Fritteuse auf 180 °C erhitzen. Inzwischen die Kartoffeln schälen und mit dem Spiralschneider (s. S. 8) in lange, dünne Streifen schneiden. Falls die Kartoffeln zu dick sind, vorher längs halbieren. Die Kartoffelstreifen im heißen Öl kurz goldbraun frittieren, auf Küchenpapier abtropfen lassen.

3. Inzwischen in einer Pfanne das Sonnenblumenöl erhitzen. Steaks salzen und bei starker Hitze kräftig von beiden Seiten ca. 2 Minuten anbraten. Wer sein Steak lieber durch mag, brät es etwas länger.

4. Die Kartoffelstreifen salzen, mit den Steaks und der Sauce Béarnaise servieren.

Sauce Béarnaise serviert man normalerweise warm. Hier wird sie als edle Mayonnaisen-Variante kalt zu Steaks mit frittierten Nudelnestern serviert.

Impressum

Die französische Originalausgabe erschien 2010 unter dem Titel „Spaghettis de Légumes“
bei Hachette Livre – Marabout.

6 | 2015 · ISBN 978-3-7750-0549-4 · Printed in EU 2015

www.haedecke-verlag.de · www.facebook.com/haedecke.verlag · www.mizzis-kuechenblock.de

Fotos: Charlotte Lascève · **Übersetzung aus dem Französischen:** Franziska Weyer
Redaktion der deutschen Ausgabe: Dr. Stephanie Kloster, Hamburg
Gestaltung der deutschen Ausgabe: Julia Graff, Hädecke, unter Verwendung der St Ryde von Sascha Timplan, Stereotypes

Hinweise und Abkürzungen

Die Temperaturangaben dieses Buches sind in °C (Grad Celsius) angegeben. Bei der Zubereitung im Backofen ist hier die Temperatur eines Elektroherds mit normaler Ober- und Unterhitze gemeint. Bei Umluft kann sich die Garzeit verkürzen, für den Gasherd sind die Angaben des Geräteherstellers zu beachten.
Die in den Rezepten angegebenen Zubereitungszeiten sind Circaangaben. Bis Sie die Technik geübt haben, kann die Zubereitung auch etwas länger dauern.

EL = Esslöffel
g = Gramm
cm = Zentimeter
TL = Teelöffel
kg = Kilogramm
mm = Millimeter (1 / 10 cm)
ml = Milliliter (1 / 1000 l)

In der Buchreihe sind bereits erschienen: **CakePops** ISBN 978-3-7750-0597-5 | **Chips & Frites** ISBN 978-3-7750-0645-3 **Chutneys & Relishes** ISBN 978-3-7750-0623-1 | **cozinha do brasil** ISBN 978-3-7750-0658-3 | **Crackers & Grissini** ISBN 978-3-7750-0663-7 | **Crème Brûlée** ISBN 978-3-7750-0592-0 | **Diner** ISBN 978-3-7750-0521-0 | **Éclairs** ISBN 978-3-7750-0624-8 | **Eis** ISBN 978-3-7750-0507-4 | **Espumas** ISBN 978-3-7750-0634-7 | **Gazpacho!** ISBN 978-3-7750-0625-5 **Genusspäckchen** ISBN 978-3-7750-0633-0 | **Kebab & Saté** ISBN 978-3-7750-0591-3 | **Das Marmeladen-Einmacheins** ISBN 978-3-7750-0674-3 | **Matcha** ISBN 978-3-7750-0685-9 | **Panna Cotta** ISBN 978-3-7750-0646-0 | **Pesto!** ISBN 978-3-7750-0593-7 **Ravioli, Agnolotti, Tortellini & Co.** ISBN 978-3-7750-0659-0 | **Risotto vegetarisch** ISBN 978-3-7750-0627-9 | **Säfte & Smoothies** ISBN 978-3-7750-0562-3 | **Sandwiches, Panini, Smørrebrød** ISBN 978-3-7750-0652-1 | **Tacos, Quesadillas & Burritos** ISBN 978-3-7750-0635-4 | **Tajine** ISBN 978-3-7750-0522-7 | **Tapas vegetarisch** ISBN 978-3-7750-0666-8 | **Tarte Tatin** ISBN 978-3-7750-0570-8 | **Tatar** ISBN 978-3-7750-0676-7 | **Trifles** ISBN 978-3-7750-0687-3 | **Veggie Burger** ISBN 978-3-7750-0671-2